Grade 3

MULTIPLICATION ACTIVITIES

Written by **Kathy Furgang**

Illustrated by **Dave Garbot**

FlashKids™
A division of Spark Publishing
NEW YORK

This book belongs to

_____

Executive Editor: Hanna Otero
Managing Editor: Vincent Janoski
Graphic Designer: April Ward
Editor: Eliza Berkowitz

Flash Kids is a registered trademark of SparkNotes LLC

This edition published by Spark Publishing

Spark Publishing
A Division of SparkNotes LLC
120 Fifth Avenue, 8th Floor
New York, NY 10011

ISBN 1-4114-0018-6

Please send all comments and questions or
report errors to www.sparknotes.com/errors

Printed in China

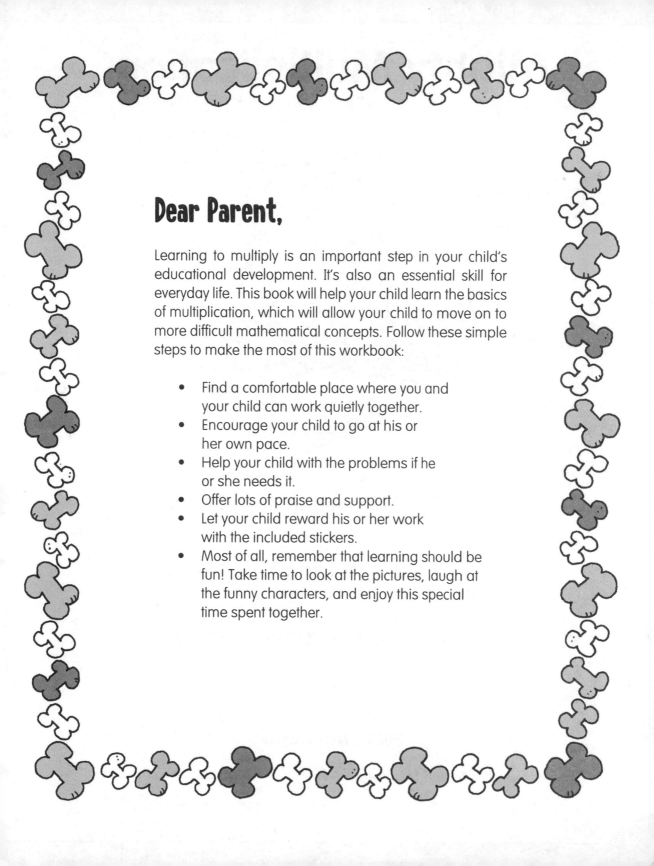

Dear Parent,

Learning to multiply is an important step in your child's educational development. It's also an essential skill for everyday life. This book will help your child learn the basics of multiplication, which will allow your child to move on to more difficult mathematical concepts. Follow these simple steps to make the most of this workbook:

- Find a comfortable place where you and your child can work quietly together.
- Encourage your child to go at his or her own pace.
- Help your child with the problems if he or she needs it.
- Offer lots of praise and support.
- Let your child reward his or her work with the included stickers.
- Most of all, remember that learning should be fun! Take time to look at the pictures, laugh at the funny characters, and enjoy this special time spent together.

Mighty Multiplication

Multiplication is a different way of doing addition.

$3 \times 1 = 3$
$3 \times 2 = 6$
$3 \times 3 = 9$
$3 \times 4 = 12$
$3 \times 5 = 15$
$3 \times 6 = 18$
$3 \times 7 = 21$
$3 \times 8 = 24$
$3 \times 9 = 27$
$3 \times 10 = 30$

2 + 2 + 2 is the same as 2 x 3. $= 6$

3 + 3 + 3 is the same as 3 x 3. $= 9$

4 + 4 + 4 is the same as 4 x 3. $= 12$

Fill in the blank.

5 + 5 + 5 is the same as ___$5 \times 3 = 15$___.

Multiplication as Addition

2 + 2 + 2 + 2 is the same as 2 x 4.

3 + 3 + 3 + 3 is the same as 3 x 4.

4 + 4 + 4 + 4 is the same as 4 x 4.

Fill in the blank.

5 + 5 + 5 + 5 is the same as ___20___.

Switching the Numbers

When you multiply, you can switch the numbers of an equation around and get the same answer. This is called the **commutative property**.

2 x 3 is the same as 3 x 2.

3 x 4 is the same as 4 x 3.

4 x 5 is the same as 5 x 4.

Fill in the blank.

5 x 6 is the same as _____.

Everyone Can Multiply

Solve the problems to understand the commutative property.

1. 2 x 3 = 6
2. 3 x 2 = 6

3. 3 x 4 = 12
4. 4 x 3 = 12

5. 4 x 5 = 20
6. 5 x 4 = 20

7. 5 x 6 = 30
8. 6 x 5 = 30

9. 6 x 7 = 42
10. 7 x 6 = 42

11. 7 x 8 = 56
12. 8 x 7 = 56

Be a Zero Hero

Multiplying by 0 always gives an answer of zero. Solve the problems.
Remember the commutative property!

1.
$$\begin{array}{r} 4 \\ \times\,0 \\ \hline 0 \end{array}$$

2.
$$\begin{array}{r} 0 \\ \times\,3 \\ \hline 0 \end{array}$$

3.
$$\begin{array}{r} 0 \\ \times\,2 \\ \hline 0 \end{array}$$

4.
$$\begin{array}{r} 0 \\ \times\,5 \\ \hline 0 \end{array}$$

5.
$$\begin{array}{r} 6 \\ \times\,0 \\ \hline 0 \end{array}$$

6.
$$\begin{array}{r} 1 \\ \times\,0 \\ \hline 0 \end{array}$$

7.
$$\begin{array}{r} 2 \\ \times\,0 \\ \hline 0 \end{array}$$

8.
$$\begin{array}{r} 0 \\ \times\,9 \\ \hline 0 \end{array}$$

9.
$$\begin{array}{r} 0 \\ \times\,7 \\ \hline 0 \end{array}$$

10.
$$\begin{array}{r} 3 \\ \times\,0 \\ \hline 0 \end{array}$$

11.
$$\begin{array}{r} 0 \\ \times\,8 \\ \hline 0 \end{array}$$

12.
$$\begin{array}{r} 5 \\ \times\,0 \\ \hline 0 \end{array}$$

An Answer of Zero

Solve the problems.

1. $\begin{array}{r} 6 \\ \times\,0 \\ \hline \end{array}$ *0*

2. $\begin{array}{r} 0 \\ \times\,4 \\ \hline \end{array}$ *0*

3. $\begin{array}{r} 9 \\ \times\,0 \\ \hline \end{array}$ *0*

4. $\begin{array}{r} 7 \\ \times\,0 \\ \hline \end{array}$ *0*

5. $\begin{array}{r} 8 \\ \times\,0 \\ \hline \end{array}$ *0*

6. $\begin{array}{r} 0 \\ \times\,3 \\ \hline \end{array}$ *0*

7. When you multiply any number by 0, what is the answer? *0*

8. To get an answer of 0, by what can you multiply any number? _____

One Is Fun

Any number multiplied by 1 equals that number. Solve the problems.
Remember the commutative property!

1. $$\begin{array}{r} 2 \\ \times 1 \\ \hline 2 \end{array}$$

2. $$\begin{array}{r} 8 \\ \times 1 \\ \hline 8 \end{array}$$

3. $$\begin{array}{r} 1 \\ \times 7 \\ \hline 7 \end{array}$$

4. $$\begin{array}{r} 4 \\ \times 1 \\ \hline 4 \end{array}$$

5. $$\begin{array}{r} 5 \\ \times 1 \\ \hline 5 \end{array}$$

6. $$\begin{array}{r} 1 \\ \times 6 \\ \hline 6 \end{array}$$

7. $$\begin{array}{r} 1 \\ \times 3 \\ \hline 3 \end{array}$$

8. $$\begin{array}{r} 10 \\ \times 1 \\ \hline 10 \end{array}$$

9. $$\begin{array}{r} 9 \\ \times 1 \\ \hline 9 \end{array}$$

10. $$\begin{array}{r} 1 \\ \times 1 \\ \hline 1 \end{array}$$

11. $$\begin{array}{r} 3 \\ \times 1 \\ \hline 3 \end{array}$$

12. $$\begin{array}{r} 6 \\ \times 1 \\ \hline 6 \end{array}$$

13.   1
  x 9
  9

14.   8
  x 1
  8

15.   1
  x 4
  4

16.   4
  x 1
  4

17.   3
  x 1
  3

18.   1
  x 8
  8

19.   9
  x 1
  9

20.   5
  x 1
  5

21.   1
  x 3
  3

22.   1
  x 1
  1

23.   2
  x 1
  2

24.   7
  x 1
  7

Kung Fu Two

Solve the problems.

1.
$$\begin{array}{r} 2 \\ \times\,3 \\ \hline 6 \end{array}$$

2.
$$\begin{array}{r} 1 \\ \times\,2 \\ \hline 2 \end{array}$$

3.
$$\begin{array}{r} 0 \\ \times\,2 \\ \hline 0 \end{array}$$

4.
$$\begin{array}{r} 2 \\ \times\,5 \\ \hline 10 \end{array}$$

5.
$$\begin{array}{r} 4 \\ \times\,2 \\ \hline 8 \end{array}$$

6.
$$\begin{array}{r} 2 \\ \times\,2 \\ \hline 4 \end{array}$$

7.
$$\begin{array}{r} 2 \\ \times\,1 \\ \hline 2 \end{array}$$

8.
$$\begin{array}{r} 5 \\ \times\,2 \\ \hline 10 \end{array}$$

9.
$$\begin{array}{r} 6 \\ \times\,2 \\ \hline 12 \end{array}$$

10.
$$\begin{array}{r} 8 \\ \times\,2 \\ \hline 16 \end{array}$$

11.
$$\begin{array}{r} 2 \\ \times\,7 \\ \hline 14 \end{array}$$

12.
$$\begin{array}{r} 4 \\ \times\,2 \\ \hline 8 \end{array}$$

Tea for Two

Solve the problems.

1. 2
    x 6
    ___
    12

2. 3
    x 2
    ___
    6

3. 2
    x 7
    ___
    14

4. 8
    x 2
    ___
    16

5. 2
    x 4
    ___
    8

6. 5
    x 2
    ___
    10

7. 2
    x 1
    ___
    2

8. 6
    x 2
    ___
    12

9. 7
    x 2
    ___
    12

10. 2
    x 8
    ___
    16

11. 9
    x 2
    ___
    18

12. 2
    x 0
    ___
    0

Three for Me

Solve the problems.

1. 3
   x1
   3

2. 3
   x4
   12

3. 2
   x3
   6

4. 3
   x3
   9

5. 1
   x3
   3

6. 4
   x3
   12

7. 0
   x3
   3

8. 3
   x1
   3

9. 5
   x3
   15

10. 3
   x6
   18

11. 8
   x3
   24

12. 7
   x3
   21

Three Is Lovely

Solve the problems.

1. 3
    x 7
    21

2. 5
    x 3
    15

3. 0
    x 3
    0

4. 1
    x 3
    3

5. 3
    x 4
    12

6. 6
    x 3
    18

7. 2
    x 3
    6

8. 3
    x 3
    9

9. 3
    x 4
    12

10. 8
    x 3
    24

11. 3
    x 9

12. 3
    x 0
    0

Four Is Fantastic

Solve the problems.

1. 5
    x 4
    20

2. 4
    x 5
    20

3. 6
    x 4
    24

4. 4
    x 9
    36

5. 4
    x 7
    28

6. 8
    x 4
    32

7. 1
    x 4
    4

8. 4
    x 2
    8

9. 6
    x 4
    24

10. 4
    x 7
    44

11. 4
    x 9

12. 8
    x 4

Fabulous Four

Solve the problems.

1. 5
    x 4

2. 4
    x 8

3. 7
    x 4

4. 3
    x 4

5. 9
    x 4

6. 2
    x 4

7. 4
    x 0

8. 4
    x 1

9. 4
    x 4

10. 4
    x 6

11. 4
    x 9

12. 4
    x 2

Sand Box

Five Is Fine

Solve the problems.

1. $\begin{array}{r} 5 \\ \times\,4 \\ \hline \end{array}$ 2. $\begin{array}{r} 8 \\ \times\,5 \\ \hline \end{array}$

3. $\begin{array}{r} 3 \\ \times\,5 \\ \hline \end{array}$ 4. $\begin{array}{r} 6 \\ \times\,5 \\ \hline \end{array}$

5. $\begin{array}{r} 5 \\ \times\,0 \\ \hline \end{array}$ 6. $\begin{array}{r} 1 \\ \times\,5 \\ \hline \end{array}$ 7. $\begin{array}{r} 9 \\ \times\,5 \\ \hline \end{array}$ 8. $\begin{array}{r} 5 \\ \times\,2 \\ \hline \end{array}$

9. $\begin{array}{r} 5 \\ \times\,5 \\ \hline \end{array}$ 10. $\begin{array}{r} 5 \\ \times\,7 \\ \hline \end{array}$ 11. $\begin{array}{r} 2 \\ \times\,5 \\ \hline \end{array}$ 12. $\begin{array}{r} 5 \\ \times\,1 \\ \hline \end{array}$

Fun with Five

Solve the problems.

1. $\begin{array}{r} 1 \\ \times 5 \\ \hline \end{array}$

2. $\begin{array}{r} 5 \\ \times 0 \\ \hline \end{array}$

3. $\begin{array}{r} 5 \\ \times 2 \\ \hline \end{array}$

4. $\begin{array}{r} 6 \\ \times 5 \\ \hline \end{array}$

5. $\begin{array}{r} 5 \\ \times 5 \\ \hline \end{array}$

6. $\begin{array}{r} 5 \\ \times 7 \\ \hline \end{array}$

7. $\begin{array}{r} 10 \\ \times 5 \\ \hline \end{array}$

8. $\begin{array}{r} 7 \\ \times 5 \\ \hline \end{array}$

9. $\begin{array}{r} 5 \\ \times 3 \\ \hline \end{array}$

10. $\begin{array}{r} 4 \\ \times 5 \\ \hline \end{array}$

11. $\begin{array}{r} 8 \\ \times 5 \\ \hline \end{array}$

12. $\begin{array}{r} 5 \\ \times 9 \\ \hline \end{array}$

Fun with Numbers

Solve the problems. Write the answers on the beach balls.

1. 4 x 2 =

2. 1 x 3 =

3. 3 x 2 =

4. 4 x 3 =

5. 5 x 5 =

6. 3 x 3 =

7. 4 x 2 =

8. 2 x 3 =

9. 4 x 1 =

10. 5 x 0 =

11. 5 x 4 =

12. 5 x 2 =

13. $2 \times 2 =$

14. $1 \times 1 =$

15. $4 \times 5 =$

16. $2 \times 4 =$

17. $5 \times 3 =$

18. $2 \times 5 =$

19. $4 \times 2 =$

20. $3 \times 5 =$

21. $3 \times 1 =$

22. $0 \times 3 =$

23. $5 \times 1 =$

24. $2 \times 1 =$

Multiplication Monster

Solve the problems.

1. 5
   x 0

2. 2
   x 3

3. 2
   x 5

4. 1
   x 5

5. 3
   x 3

6. 0
   x 1

7. 3
   x 4

8. 4
   x 5

9. 3
   x 5

10. 4
    x 4

11. 1
    x 3

12. 0
    x 2

Math Wizard

Solve the problems.

1. 2
    x 2

2. 4
    x 6

3. 1
    x 1

4. 5
    x 1

5. 4
    x 3

6. 3
    x 3

7. 1
    x 5

8. 2
    x 2

9. 5
    x 4

10. 1
    x 2

11. 5
    x 5

12. 2
    x 4

Math in the Bath

Solve the problems.

1. 4
    x 2

2. 5
    x 1

3. 3
    x 1

4. 4
    x 3

5. 4
    x 0

6. 5
    x 5

7. 3
    x 3

8. 1
    x 5

9. 3
    x 4

10. 0
    x 3

11. 4
    x 4

12. 2
    x 2

Multiplying Mom

Solve the problems.

1. $\begin{array}{r} 5 \\ \times\,2 \\ \hline \end{array}$
2. $\begin{array}{r} 5 \\ \times\,3 \\ \hline \end{array}$
3. $\begin{array}{r} 3 \\ \times\,2 \\ \hline \end{array}$
4. $\begin{array}{r} 4 \\ \times\,4 \\ \hline \end{array}$

5. $\begin{array}{r} 2 \\ \times\,5 \\ \hline \end{array}$
6. $\begin{array}{r} 2 \\ \times\,4 \\ \hline \end{array}$
7. $\begin{array}{r} 0 \\ \times\,4 \\ \hline \end{array}$
8. $\begin{array}{r} 2 \\ \times\,3 \\ \hline \end{array}$

9. $\begin{array}{r} 4 \\ \times\,1 \\ \hline \end{array}$
10. $\begin{array}{r} 4 \\ \times\,4 \\ \hline \end{array}$

11. $\begin{array}{r} 1 \\ \times\,5 \\ \hline \end{array}$
12. $\begin{array}{r} 2 \\ \times\,5 \\ \hline \end{array}$

Six Is Super

Solve the problems.

1. 6
   x 2
   12

2. 2
   x 6
   12

3. 6
   x 6

4. 6
   x 5

5. 0
   x 6
   0

6. 6
   x 3
   18

7. 6
   x 0
   0

8. 3
   x 6
   18

9. 1
   x 6
   6

10. 6
    x 7
    42

11. 6
    x 4
    24

12. 5
    x 6
    30

Six Is Sweet

Solve the problems.

1.
$$6 \times 1 = 6$$

2.
$$6 \times 4 = 24$$

3.
$$3 \times 6 = 18$$

4.
$$10 \times 6 = 60$$

5.
$$6 \times 9 = 54$$

6.
$$6 \times 7 = 42$$

7.
$$9 \times 6 = 54$$

8.
$$6 \times 2 = 12$$

9.
$$1 \times 6 = 6$$

10.
$$0 \times 6 = 0$$

11.
$$6 \times 6 = 36$$

12.
$$6 \times 5 = 30$$

Seven Dinosaurs

Solve the problems.

1.   7
     x 1
      7

2.   2
     x 7
     14

3.   5
     x 7
     35

4.   7
     x 2
     14

5.   7
     x 7
     49

6.   6
     x 7
     42

7.   0
     x 7
      0

8.   7
     x 5
     35

9.   3
     x 7
     21

10.   8
     x 7
     56

11.   7
     x 6
     42

12.   9
     x 7
     63

13. 7
    × 8
    56

14. 10
    × 7
    70

15. 7
    × 3
    21

16. 7
    × 4
    28

17. 8
    × 7
    56

18. 7
    × 9
    63

19. 7
    × 0
    0

20. 6
    × 7
    42

21. 7
    × 7
    49

22. 5
    × 7
    35

23. 4
    × 7
    28

24. 2
    × 7
    14

Eight Is Great

Solve the problems.

1. 8
    x 1
    8

2. 2
    x 8
    16

3. 5
    x 8
    40

4. 8
    x 6
    48

5. 4
    x 8
    32

6. 3
    x 8
    24

7. 8
    x 8
    64

8. 8
    x 2
    16

9. 8
    x 0
    0

10. 9
    x 8
    72

11. 7
    x 8
    56

12. 8
    x 5
    40

A Plate of Eight

Solve the problems.

1.   8
  x 7
  56

2.   0
  x 8
  0

3.   5
  x 8
  40

4.   6
  x 8
  48

5.   10
  x 8
  80

6.   8
  x 4
  32

7.   8
  x 9
  72

8.   1
  x 8
  8

9.   8
  x 3
  24

10.   8
  x 8
  64

11.   8
  x 5
  40

12.   8
  x 2
  16

Nine Is Nice

Solve the problems.

1. 9
   x1

2. 2
   x9

3. 5
   x9

4. 4
   x9

5. 9
   x6

6. 9
   x9

7. 1
   x9

8. 9
   x8

9. 0
   x9

10. 9
    x4

11. 3
    x9

12. 7
    x9

On Cloud Nine

Solve the problems.

1. $\begin{array}{r} 9 \\ \times\,3 \\ \hline \end{array}$

2. $\begin{array}{r} 9 \\ \times\,5 \\ \hline \end{array}$

3. $\begin{array}{r} 9 \\ \times\,7 \\ \hline \end{array}$

4. $\begin{array}{r} 9 \\ \times\,0 \\ \hline \end{array}$

5. $\begin{array}{r} 10 \\ \times\,9 \\ \hline \end{array}$

6. $\begin{array}{r} 9 \\ \times\,7 \\ \hline \end{array}$

7. $\begin{array}{r} 8 \\ \times\,9 \\ \hline \end{array}$

8. $\begin{array}{r} 4 \\ \times\,9 \\ \hline \end{array}$

9. $\begin{array}{r} 9 \\ \times\,2 \\ \hline \end{array}$

10. $\begin{array}{r} 1 \\ \times\,9 \\ \hline \end{array}$

11. $\begin{array}{r} 6 \\ \times\,9 \\ \hline \end{array}$

12. $\begin{array}{r} 9 \\ \times\,9 \\ \hline \end{array}$

Ten Tails

Solve the problems.

1. 10
   x 4

2. 10
   x 8

3. 10
   x 5

4. 10
   x 7

5. 10
   x 2

6. 10
   x 1

7. 10
   x 5

8. 10
   x 0

9. 10
   x 9

10. 10
    x 3

11. 10
    x 10

12. 10
    x 7

Totally Ten

Solve the problems.

1. $2 \times 10 = \underline{\hspace{1cm}}$ 2. $6 \times 10 = \underline{\hspace{1cm}}$ 3. $3 \times 10 = \underline{\hspace{1cm}}$

4. $9 \times 10 = \underline{\hspace{1cm}}$ 5. $10 \times 10 = \underline{\hspace{1cm}}$ 6. $0 \times 10 = \underline{\hspace{1cm}}$

7. $5 \times 10 = \underline{\hspace{1cm}}$ 8. $1 \times 10 = \underline{\hspace{1cm}}$ 9. $4 \times 10 = \underline{\hspace{1cm}}$

10. $8 \times 10 = \underline{\hspace{1cm}}$ 11. $7 \times 10 = \underline{\hspace{1cm}}$

12. $9 \times 10 = \underline{\hspace{1cm}}$

Masters of Multiplication

Solve the problems.

1. $$\begin{array}{r} 10 \\ \times\,5 \\ \hline \end{array}$$

2. $$\begin{array}{r} 3 \\ \times\,7 \\ \hline \end{array}$$

3. $$\begin{array}{r} 3 \\ \times\,8 \\ \hline \end{array}$$

4. $$\begin{array}{r} 5 \\ \times\,9 \\ \hline \end{array}$$

5. $$\begin{array}{r} 8 \\ \times\,7 \\ \hline \end{array}$$

6. $$\begin{array}{r} 8 \\ \times\,4 \\ \hline \end{array}$$

7. $$\begin{array}{r} 2 \\ \times\,7 \\ \hline \end{array}$$

8. $$\begin{array}{r} 5 \\ \times\,7 \\ \hline \end{array}$$

9. $$\begin{array}{r} 2 \\ \times\,9 \\ \hline \end{array}$$

10. $$\begin{array}{r} 4 \\ \times\,9 \\ \hline \end{array}$$

11. 10
     × 8

12. 3
     × 9

13. 4
     × 7

14. 10
     × 0

15. 10
     × 2

16. 6
     × 7

17. 9
     × 5

18. 4
     × 8

19. 9
     × 1

20. 8
     × 8

21. 7
     × 9

22. 10
     × 6

23. 8
     × 5

24. 8
     × 2

8×7

Math at Mealtime

Solve the problems.

1. 10
    x 3

2. 6
    x 9

3. 0
    x 8

4. 6
    x 6

5. 7
    x 2

6. 9
    x 1

7. 5
    x 4

8. 0
    x 2

9. 9
    x 9

10. 10
    x 5

11. 7
    x 9

12. 5
    x 3

A Math Mystery

Solve the problems.

1.
$$4 \times 9$$

2.
$$8 \times 8$$

3.
$$9 \times 2$$

4.
$$10 \times 7$$

5.
$$9 \times 5$$

6.
$$7 \times 7$$

7.
$$8 \times 2$$

8.
$$4 \times 7$$

9.
$$9 \times 1$$

10.
$$10 \times 8$$

11.
$$8 \times 7$$

12.
$$1 \times 7$$

Daring Dinosaurs

Solve the problems.

1. 9
    x 8

2. 7
    x 0

3. 3
    x 9

4. 1
    x 8

5. 10
    x 2

6. 8
    x 7

7. 10
    x 4

8. 7
    x 5

9. 8
    x 3

10. 7
    x 5

11. 0
    x 8

12. 4
    x 5

13. 10
   × 4

14. 6
   × 6

15. 9
   × 4

16. 3
   × 8

17. 2
   × 2

18. 5
   × 8

19. 6
   × 1

20. 9
   × 6

21. 2
   × 7

22. 5
   × 3

Numbers in the Neighborhood

Fill in the shaded areas with the correct answers. To do this, put your finger on a shaded area. Multiply the number to the left of the shaded area with the number on the top of the shaded area.

	1	2	3	4	5	6	7	8	9	10
1	←1 x 1=1									
2					▓					
3	▓									
4										▓
5						▓				
6			▓							
7					▓					
8								▓		
9		▓								
10							▓			

42

More Mathematics

Fill in the shaded areas with the correct answers. To do this, put your finger on a shaded area. Multiply the number to the left of the shaded area with the number on the top of the shaded area.

	1	2	3	4	5	6	7	8	9	10
1										
2										
3										
4										
5										
6										
7										
8										
9										
10										

It's Multiplication Time

Fill in the shaded areas with the correct answers. To do this, put your finger on a shaded area. Multiply the number to the left of the shaded area with the number on the top of the shaded area.

	1	2	3	4	5	6	7	8	9	10
1				▦						
2		▦								
3					▦					
4								▦		
5			▦							
6	▦									
7						▦				
8										▦
9				▦						
10						▦				

In the Mood for Math

Fill in the shaded areas with the correct answers. To do this, put your finger on a shaded area. Multiply the number to the left of the shaded area with the number on the top of the shaded area.

	1	2	3	4	5	6	7	8	9	10
1										
2										
3										
4										
5										
6										
7										
8										
9										
10										

Dinosaur Eggs

Multiply the numbers. Write the answers on the eggs.

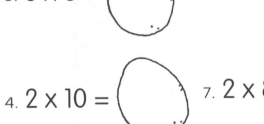

1. 9 x 6 =

2. 10 x 5 =

3. 3 x 8 =

4. 2 x 10 =

5. 5 x 6 =

6. 4 x 9 =

7. 2 x 8 =

8. 4 x 1 =

9. 8 x 6 =

10. 5 x 2 =

11. 9 x 8 =

12. 9 x 3 =

More Dinosaurs

Multiply the numbers in the dinosaurs. Write the answers on the lines.

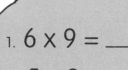

1. $6 \times 9 =$ _____
2. $5 \times 2 =$ _____
3. $8 \times 8 =$ _____
4. $3 \times 9 =$ _____

5. $7 \times 7 =$ _____
6. $1 \times 4 =$ _____
7. $3 \times 3 =$ _____
8. $4 \times 7 =$ _____

9. $7 \times 2 =$ _____
10. $9 \times 9 =$ _____
11. $5 \times 7 =$ _____
12. $1 \times 7 =$ _____

Different Dinosaurs

Solve the problems.

1. $\begin{array}{r} 10 \\ \times\,10 \\ \hline \end{array}$ 2. $\begin{array}{r} 5 \\ \times\,9 \\ \hline \end{array}$ 3. $\begin{array}{r} 7 \\ \times\,1 \\ \hline \end{array}$ 4. $\begin{array}{r} 9 \\ \times\,4 \\ \hline \end{array}$

5. $\begin{array}{r} 7 \\ \times\,7 \\ \hline \end{array}$ 6. $\begin{array}{r} 10 \\ \times\,8 \\ \hline \end{array}$ 7. $\begin{array}{r} 6 \\ \times\,3 \\ \hline \end{array}$ 8. $\begin{array}{r} 7 \\ \times\,4 \\ \hline \end{array}$

9. $\begin{array}{r} 10 \\ \times\,2 \\ \hline \end{array}$ 10. $\begin{array}{r} 4 \\ \times\,9 \\ \hline \end{array}$ 11. $\begin{array}{r} 8 \\ \times\,2 \\ \hline \end{array}$ 12. $\begin{array}{r} 5 \\ \times\,5 \\ \hline \end{array}$

Great Big Giant

Solve the problems.

1. 8
    x 6

2. 3
    x 7

3. 9
    x 5

4. 10
    x 5

5. 3
    x 5

6. 8
    x 7

7. 4
    x 2

8. 6
    x 8

9. 7
    x 5

10. 6
    x 1

11. 10
    x 8

Excellent Eggs

Multiply the numbers in the eggs.

1. 8
   x9

2. 5
   x8

3. 10
   x4

4. 3
   x7

5. 6
   x1

6. 10
   x0

7. 7
   x9

8. 0
   x3

11. 5
    x4

12. 7
    x2

9. 1
   x9

10. 8
    x8

Dinosaur Bones

Multiply the numbers in the dinosaur bones.
Write the answers in the empty bones.

1. $9 \times 5 =$

2. $5 \times 2 =$

3. $10 \times 9 =$

4. $6 \times 8 =$

5. $8 \times 3 =$

6. $6 \times 6 =$

So Many Dinosaurs

1. If there are 10 dinosaurs at a party and the number of dinosaurs multiplies by 3, how many are there? _____

2. If there are 5 dinosaurs at a party and the number of dinosaurs multiplies by 9, how many are there? _____

3. If there are 7 dinosaurs at a party and the number of dinosaurs multiplies by 6, how many are there? _____

Dinosaur Dinner

1. These 4 dinosaurs each ate 5 pounds of leaves for dinner. How many pounds of leaves did they eat in all? _____

2. If each of these 4 dinosaurs ate 10 pounds of leaves per day, how many pounds of leaves in all do they eat in a day? _____

A Terrific Time

When multiplying a double-digit number, multiply the
ones place first, then the tens place. Solve the problems.

1. 31
    x 8

2. 74
    x 2

3. 51
    x 5

4. 92
    x 3

5. 51
    x 6

6. 82
    x 4

7. 24
    x 2

8. 71
    x 3

9. 33
    x 3

10. 81
    x 8

11. 20
    x 9

12. 62
    x 4

Surf's Up

Solve the problems.

1. 22
   x 4

2. 31
   x 6

3. 14
   x 2

4. 23
   x 3

5. 90
   x 7

6. 33
   x 2

7. 24
   x 1

8. 11
   x 5

9. 81
   x 6

10. 34
    x 2

11. 60
    x 4

12. 73
    x 3

Dinosaur Jam

Solve the problems.

1. 22
    x 3

2. 13
    x 2

3. 29
    x 1

4. 51
    x 3

5. 42
    x 3

6. 61
    x 5

7. 41
    x 4

8. 39
    x 1

9. 50
    x 7

10. 72
    x 4

11. 33
 x 3

12. 72
 x 4

13. 11
 x 9

14. 24
 x 2

15. 62
 x 4

16. 31
 x 7

17. 32
 x 3

18. 70
 x 6

19. 21
 x 4

20. 83
 x 3

21. 51
 x 8

A Dinosaur Date

When multiplying a triple-digit number, multiply the ones place first, the tens place second, and the hundred place last. Solve the problems.

1. 123
    x 3

2. 244
    x 2

3. 103
    x 3

4. 603
    x 2

5. 512
    x 4

6. 710
    x 9

7. 324
    x 2

8. 457
    x 0

9. 533
    x 3

10. 711
    x 8

11. 400
    x 5

12. 822
    x 2

Dinosaur Dolls

Solve the problems.

1. 423
   x 2

2. 130
   x 3

3. 202
   x 4

4. 521
   x 3

5. 802
   x 4

6. 510
   x 8

7. 300
   x 6

8. 213
   x 2

9. 503
   x 3

10. 422
    x 4

11. 801
    x 5

12. 322
    x 4

Driving Dinosaurs

Solve the problems.

1. 210
   x 6
   1260

2. 132
   x 3

3. 800
   x 9

4. 710
   x 6

5. 203
   x 2

6. 902
   x 4

7. 320
   x 4

8. 210
   x 2

9. 553
   x 0

10. 730
    x 3

11. 880
    x 1

12. 631
    x 2

13. 223
    x 2

14. 503
    x 3

15. 921
    x 4

16. 321
    x 3

17. 601
    x 8

18. 544
    x 2

19. 563
    x 1

20. 200
    x 8

21. 432
    x 3

22. 802
    x 4

23. 723
    x 2

24. 122
    x 4

Answer Key

Page 4
5 × 3

Page 5
5 × 4

Page 6
6 × 5

Page 7
1. 6   7. 30
2. 6   8. 30
3. 12   9. 42
4. 12   10. 42
5. 20   11. 56
6. 20   12. 56

Page 8
1. 0   7. 0
2. 0   8. 0
3. 0   9. 0
4. 0   10. 0
5. 0   11. 0
6. 0   12. 0

Page 9
1. 0   5. 0
2. 0   6. 0
3. 0   7. 0
4. 0   8. 0

Pages 10 and 11
1. 2   13. 9
2. 8   14. 8
3. 7   15. 4
4. 4   16. 4
5. 5   17. 3
6. 6   18. 8
7. 3   19. 9
8. 10   20. 5
9. 9   21. 3
10. 1   22. 1
11. 3   23. 2
12. 6   24. 7

Page 12
1. 6   7. 2
2. 2   8. 10
3. 0   9. 12
4. 10   10. 16
5. 8   11. 14
6. 4   12. 8

Page 13
1. 12   7. 2
2. 6   8. 12
3. 14   9. 14
4. 16   10. 16
5. 8   11. 18
6. 10   12. 0

Page 14
1. 3   7. 0
2. 12   8. 3
3. 6   9. 15
4. 9   10. 18
5. 3   11. 24
6. 12   12. 21

Page 15
1. 21   7. 6
2. 15   8. 9
3. 0   9. 12
4. 3   10. 24
5. 12   11. 27
6. 18   12. 0

Page 16
1. 20   7. 4
2. 20   8. 8
3. 24   9. 24
4. 36   10. 28
5. 28   11. 36
6. 32   12. 32

Page 17
1. 20   7. 0
2. 32   8. 4
3. 28   9. 16
4. 12   10. 24
5. 36   11. 36
6. 8   12. 8

Page 18
1. 20   7. 45
2. 40   8. 10
3. 15   9. 25
4. 30   10. 35
5. 0   11. 10
6. 5   12. 5

Page 19
1. 5   7. 50
2. 0   8. 35
3. 10   9. 15
4. 30   10. 20
5. 25   11. 40
6. 35   12. 45

Pages 20 and 21
1. 8   13. 4
2. 3   14. 1
3. 6   15. 20
4. 12   16. 8
5. 25   17. 15
6. 9   18. 10
7. 8   19. 8
8. 6   20. 15
9. 4   21. 3
10. 0   22. 0
11. 20 23. 5
12. 10 24. 2

Page 22
1. 0   7. 12
2. 6   8. 20
3. 10   9. 15
4. 5   10. 16
5. 9   11. 3
6. 0   12. 0

Page 23
1. 4   7. 5
2. 24   8. 4
3. 1   9. 20
4. 5   10. 2
5. 12   11. 25
6. 9   12. 8

Page 24
1. 8   7. 9
2. 5   8. 5
3. 3   9. 12
4. 12   10. 0
5. 0   11. 16
6. 25   12. 4

Page 25
1. 10   7. 0
2. 15   8. 6
3. 6   9. 4
4. 16   10. 16
5. 10   11. 5
6. 8   12. 10

Page 26
1. 12   7. 0
2. 12   8. 18
3. 36   9. 6
4. 30   10. 42
5. 0   11. 24
6. 18   12. 30

Page 27
1. 6   7. 54
2. 24   8. 12
3. 18   9. 6
4. 60   10. 0
5. 54   11. 36
6. 42   12. 30

Pages 28 and 29
1. 7   13. 56
2. 14   14. 70
3. 35   15. 21
4. 14   16. 28
5. 49   17. 56
6. 42   18. 63
7. 0   19. 0
8. 35   20. 42
9. 21   21. 49
10. 56 22. 35
11. 42 23. 28
12. 63 24. 14

Page 30
1. 8   7. 64
2. 16   8. 16
3. 40   9. 0
4. 48   10. 72
5. 32   11. 56
6. 24   12. 40

Page 31
1. 56   7. 72
2. 0   8. 8
3. 40   9. 24
4. 48   10. 64
5. 80   11. 40
6. 32   12. 16

Page 32
1. 9   7. 9
2. 18   8. 72
3. 45   9. 0
4. 36   10. 36
5. 54   11. 27
6. 81   12. 63

Page 33
1. 27   7. 72
2. 45   8. 36
3. 63   9. 18
4. 0   10. 9
5. 90   11. 54
6. 63   12. 81

Page 34
1. 40   7. 50
2. 80   8. 0
3. 50   9. 90
4. 70   10. 30
5. 20   11. 100
6. 10   12. 70

Page 35
1. 20   7. 50
2. 60   8. 10
3. 30   9. 40
4. 90   10. 80
5. 100 11. 70
6. 0   12. 90

Answer Key

Pages 36 and 37
1. 50
2. 21
3. 24
4. 45
5. 56
6. 32
7. 14
8. 35
9. 18
10. 36
11. 80
12. 27
13. 28
14. 0
15. 20
16. 42
17. 45
18. 32
19. 9
20. 64
21. 63
22. 60
23. 40
24. 16

Page 38
1. 30
2. 54
3. 0
4. 36
5. 14
6. 9
7. 20
8. 0
9. 81
10. 50
11. 63
12. 15

Page 39
1. 36
2. 64
3. 18
4. 70
5. 45
6. 49
7. 16
8. 28
9. 9
10. 80
11. 56
12. 7

Pages 40 and 41
1. 72
2. 0
3. 27
4. 8
5. 20
6. 56
7. 40
8. 35
9. 24
10. 35
11. 0
12. 20
13. 40
14. 36
15. 36
16. 24
17. 4
18. 40
19. 6
20. 54
21. 14
22. 15

Page 42

	1	2	3	4	5	6	7	8	9	10
1	1									
2				10						
3	3									
4										40
5						30				
6		18								
7				35						
8							64			
9		18								
10						70				

Page 43

	1	2	3	4	5	6	7	8	9	10
1		2								
2				8						
3						24				
4				24						
5	5									
6										60
7				35						
8			24							
9						72				
10		20								

Page 44

	1	2	3	4	5	6	7	8	9	10
1				4						
2		4								
3				15						
4						32				
5		15								
6	6									
7				42						
8										80
9			36							
10					60					

Page 45

	1	2	3	4	5	6	7	8	9	10
1									9	
2					14					
3										30
4	4									
5				20						
6		18								
7				42						
8							64			
9			36							
10		20								

Page 46
1. 54
2. 50
3. 24
4. 20
5. 30
6. 36
7. 16
8. 4
9. 48
10. 10
11. 72
12. 27

Page 47
1. 54
2. 10
3. 64
4. 27
5. 49
6. 4
7. 9
8. 28
9. 14
10. 81
11. 35
12. 7

Page 48
1. 100
2. 45
3. 7
4. 36
5. 49
6. 80
7. 18
8. 28
9. 20
10. 36
11. 16
12. 25

Page 49
1. 48
2. 21
3. 45
4. 50
5. 15
6. 56
7. 8
8. 48
9. 35
10. 6
11. 80

Page 50
1. 72
2. 40
3. 40
4. 21
5. 6
6. 0
7. 63
8. 0
9. 9
10. 64
11. 20
12. 14

Page 51
1. 45
2. 10
3. 90
4. 48
5. 24
6. 36

Page 52
1. 30
2. 45
3. 42

Page 53
1. 20
2. 40

Page 54
1. 248
2. 148
3. 255
4. 276
5. 306
6. 328
7. 48
8. 213
9. 99
10. 648
11. 180
12. 248

Page 55
1. 88
2. 186
3. 28
4. 69
5. 630
6. 66
7. 24
8. 55
9. 486
10. 68
11. 240
12. 219

Pages 56 and 57
1. 66
2. 26
3. 29
4. 153
5. 126
6. 305
7. 164
8. 39
9. 350
10. 288
11. 99
12. 288
13. 99
14. 48
15. 248
16. 217
17. 96
18. 420
19. 84
20. 249
21. 408

Page 58
1. 369
2. 488
3. 309
4. 1206
5. 2048
6. 6390
7. 648
8. 0
9. 1599
10. 5688
11. 2000
12. 1644

Page 59
1. 846
2. 390
3. 808
4. 1563
5. 3208
6. 4080
7. 1800
8. 426
9. 1509
10. 1688
11. 4005
12. 1288

Pages 60 and 61
1. 1260
2. 396
3. 7200
4. 4260
5. 406
6. 3608
7. 1280
8. 420
9. 0
10. 2190
11. 880
12. 1262
13. 446
14. 1509
15. 3684
16. 963
17. 4808
18. 1088
19. 563
20. 1600
21. 1296
22. 3208
23. 1446
24. 488

63